EXTRAIT

D'UN COMMENTAIRE

ET

D'UNE TRADUCTION NOUVELLE

DU VENDIDAD SADÉ,

L'UN DES LIVRES DE ZOROASTRE;

PAR

M. E. BURNOUF.

EXTRAIT DU NOUVEAU JOURNAL ASIATIQUE.

IMPRIMERIE ROYALE. — 1829.

EXTRAIT

D'UN COMMENTAIRE

ET

D'UNE TRADUCTION NOUVELLE

DU VENDIDAD SADÉ.

L'EXTRAIT suivant fait partie d'un commentaire et d'une traduction nouvelle du *Vendidad Sadé*, l'un des livres de Zoroastre, dont je m'occupe depuis quelques années. Ayant entrepris l'étude de la langue zende pour déterminer les rapports du sanscrit avec cet idiome, et vérifier si c'est hors de l'Inde, dans la Bactriane ou dans la Médie, qu'il faut chercher l'origine de la langue et en même temps de la civilisation des Brahmanes, j'ai dù, en rassemblant dans les livres de Zoroastre les matériaux d'une grammaire zende, soumettre à un examen approfondi la traduction qu'a donnée de ces livres Anquetil-Duperron. Destinés d'abord à trouver place dans un *Mémoire* sur la langue zende dont j'ai annoncé la publication prochaine, les résultats de cet examen devinrent bientôt si nombreux et si étendus, qu'ils dépassaient de beaucoup les proportions que devaient occuper, dans un ouvrage de ce genre, la critique et l'interprétation des textes. Il fut dès-lors nécessaire de resserrer le *Mémoire*, en le bornant à l'analyse de la grammaire zende, et à l'examen de cette question : Lequel de ces deux idiomes, celui des Parses ou celui des Brahmanes, peut-il être considéré comme antérieur à l'autre ? Les observations sur la critique et l'interprétation du texte de Zoroastre, qui s'y trouvaient précédemment éparses, en furent ainsi détachées, et formèrent un commentaire complet sur le *Vendidad Sadé*, c'est-à-dire, sur l'*Izeschné*, le *Vispered* et le *Vendidad*. C'est de ce commentaire que je vais donner un court fragment ; il suffira pour faire connaître le plan que j'ai suivi, et la nature des détails dans lesquels je suis entré pour expliquer l'original zend d'une manière aussi complète qu'il m'a été possible de le faire.

Le texte que j'ai pris pour base est le beau manuscrit de la bibliothèque royale sous le n.º 1 du Supplément au Fonds d'Anquetil-Duperron, que je publie en ce moment au moyen de la lithographie (1). Chaque phrase est, faute de caractères zends, transcrite en lettres latines d'après une méthode exposée dans le *Mémoire* précité, et porte un numéro de renvoi à la page et à la ligne du manuscrit original. Mais comme ce dernier n'est pas toujours correct, j'ai relevé et comparé entre elles les variantes qu'offrent les autres manuscrits de l'*Izeschné*, du *Vispered* et du *Vendidad*, dont j'essaierai plus tard de déterminer

____

(1) *Vendidad Sadé*, publié d'après le manuscrit zend de la Bibliothèque du Roi, en un volume *in-fol.* de près de 600 pages. La première livraison est en vente.

la valeur quant à la critique du texte. Je n'en indi-
querai ici que deux, l'un sous le n.° 2 du Fonds,
l'autre sous le n.° 3 du Supplément, qui contiennent
une traduction sanscrite de l'*Izeschné*, faite, il y a
plus de trois cents ans, par un Parse de l'Inde, nommé
Nériosengh.

C'est déjà un fait singulier et bien digne d'attirer
l'attention sur ces manuscrits, que d'y trouver rappro-
chés deux idiomes qui, sortis primitivement de la
même source, ont été séparés l'un de l'autre à des
époques dont la date se perd dans l'antiquité la plus
reculée, et qui se sont dès-lors développés sous des
influences et dans des localités diverses. Il a fallu
que le fanatisme persécuteur des Arabes forçât
les Parses à émigrer dans le Guzarate, pour mettre
de nouveau en contact deux langues et deux cultes,
dont aucun calcul n'eût pu prévoir le rapprochement,
et qui avaient depuis si long-temps oublié leur
commune origine, qu'ils se rencontrèrent dans l'Inde
sans se reconnaître. Cette circonstance, tout-à-fait
inattendue, a donné naissance à un livre du plus
haut intérêt, la traduction sanscrite d'une partie con-
sidérable des ouvrages de Zoroastre. On aurait droit
de s'étonner de l'oubli où elle est restée jusqu'à ce
jour, si l'on ne se rappelait qu'au moment où Anquetil publia son *Zend Avesta,* l'existence de la langue
sanscrite était à peine connue en Europe. Dans le
plan que je m'étais tracé, celui de constater les rapports du zend avec le sanscrit, cette précieuse traduction devint pour moi l'objet d'une étude spéciale,

et je formai dès-lors le projet de la publier intégra-
lement. Outre les nombreuses facilités qu'elle offre
pour la comparaison du zend avec le sanscrit, elle a
encore cela d'important qu'elle a été faite, non pas
directement sur le texte zend, mais sur le commentaire pehlvi qui n'existe pas en France, et qu'elle
remplacerait encore, quand même nous le posséderions,
parce que le pehlvi est aussi peu connu que le zend.
Il en résulte que la traduction sanscrite contient plus
que l'original, puisqu'elle le reproduit avec une glose
souvent très-détaillée. Cependant le système d'une fidé-
lité absolue que paraît avoir adopté Nériosengh a influé
d'une manière fâcheuse sur la rédaction de la traduction
sanscrite. Comme le pehlvi est presque complètement
privé de désinences grammaticales, Nériosengh a quelquefois hésité sur le sens, et alors il s'est contenté
de remplacer le mot pehlvi par un mot sanscrit, sans
le faire suivre d'aucune terminaison ; ou bien il s'est
mépris sur les vrais rapports des mots entre eux, et
il a donné à la phrase une valeur autre que celle
qu'elle a dans l'original. De là viennent l'obscurité et
la barbarie d'un grand nombre de passages de cette
traduction. Mais on aurait tort de la juger d'après les
règles rigoureuses dont on ne trouve l'application
complète que dans les ouvrages classiques de la litté-
rature des Brahmanes ; c'est une composition à part,
et dont on apprécierait mal l'importance, si l'on n'y
cherchait qu'un mérite de rédaction qu'elle ne peut
avoir. Au reste, le fragment qui suit mettra le lecteur
à même de juger de l'intérêt des matières que contient

cette glose. Si l'interprétation nouvelle du texte, à laquelle elle conduit, paraissait trop différente du sens adopté par Anquetil-Duperron, je rappellerais, en faveur de la première, que la traduction de Nériosengh a près de trois siècles d'antériorité sur celle d'Anquetil, et que le vénérable auteur du *Zend Avesta*, ouvrage qui, malgré ses imperfections, est encore un beau monument de son zèle pour les lettres orientales, n'a presque jamais traduit sur le texte zend même, mais d'après les explications persanes que ses maîtres de l'Inde lui avaient données, soit de vive voix, soit en manuscrit.

EXTRAIT DU PREMIER CHAPITRE DE L'IZESCHNÉ.

(N.º 1 Supp. d'Anquetil, p. 11, lig. 2 sqq.)

Nivaédhayémi hañkârayémi dahmayâo vanghu-yâo âfrîtôis, dahmahétcha nars achaonô, ughra-hétcha takhmahé dâmôis upamanahé yazatahé;

suivant Nériosengh: निमन्त्रयामि संपूर्णयामि उत्त-मानां उत्तमं आशीर्वादं उत्तमं च नरं मुक्तात्मानं बलिनं च दृढं च उत्कृष्टतमं च मनसा सह इ-श्रद्दं । शापं इत्य् अर्थः । उत्तमानां आशिर् द्विधा एका च मनसा एका च वचसा आशीश् च वचसा बलिष्ठतरा शापश् च मनसा बलिष्ठतरः । उत्तमा-नां आशीः सकलासु रात्रिषु त्रीन् वारान् सम-

येऽपि भुवने सृष्टिमति रक्षया उपरि प्रचरन्ति ल-
क्ष्मीं च यां सदाचारतया अर्ज्जयन्ति तस्या रक्षका
उत्तमानां आशी: ॥ (N.° 2 Fonds, p. 16, 17.)

Anquetil traduit : « J'invoque et je célèbre Dah-
» man pur, qui bénit le peuple et l'homme juste,
» semence forte, (membre) du peuple céleste, Ized. »
Avant d'essayer l'explication de la phrase zende, il
faut donner la traduction littérale de la glose sanscrite de Nériosengh : « Invoco et cultu prosequor
» optimorum optimam benedictionem, optimumque
» virum cujus salvus est animus, validissimumque,
» fortemque, excellentemque cum mente simul *Ia-*
» *zadam*, maledictionem, ecce sensus. Optimorum
» benedictio duplex, una et mente, altera et voce;
» benedictio voce præpotens (1), maledictio mente præ-
» potens. Optimorum benedictio omnibus noctibus,
» tres vices, universo nempe in mundo creato cum
» protectione desuper ambulat, fortunamque quam
» bona agendi ratione acquirunt homines, illam con-
» servat optimorum benedictio. » Il faut maintenant

---

(1) La glose sanscrite porte *balichthatara*, composition bar-
bare, puisque l'adjectif *balichtha* porte déjà une désinence de
superlatif, et qu'on n'y peut plus joindre celle du comparatif.
Je n'ai pas besoin de faire remarquer que je donne ce commentaire avec les incorrections et les fautes qui en déparent le style;
elles portent en grande partie sur les lois de la contraction et
de la permutation des voyelles, qui y sont arbitrairement violées.
Comme la clarté ne peut qu'y gagner, j'ai cru devoir pousser un
peu plus loin que le manuscrit la division des mots.

analyser chaque mot de la phrase zende, pour voir si nous y retrouverons le sens d'Anquetil ou celui de Nériosengh.

Anquetil me paraît traduire exactement les deux premiers verbes *nivaédhayémi hañkárayémi* par *j'invoque* et *je célèbre*; les mots zends sont identiques, quant à la forme, aux verbes sanscrits निवेदयामि संकारयामि *nivedayâmi, samkârayâmi*; les différences légères qu'on y remarque sont particulières à l'ancien idiome des Persans. Ainsi, dans *ni-vaédayémi*, le premier *é* est précédé d'un *a* bref qui n'est pas dans le sanscrit *vedayâmi*. Cela vient de ce qu'en zend les voyelles *i, é, o*, et quelquefois *u*, sont très-fréquemment précédées d'un *a* bref dont on ne trouve pas la moindre trace dans les mots sanscrits correspondans. Je donnerai, dans le *Mémoire* sur la langue zende, de longs détails sur cette particularité, dont il me suffira ici de citer quelques exemples:

ZEND.	SANSCRIT.	
Gairi	*giri*	montagne.
Vaidhi	*vidhi*	manière.
Aétat	*etat*	cela.
Aétaéchām	*etechâm*	*illorum.*
Daéva	*deva*	*Deva* (Anq. *Dev*).
Staotâ	*stotâ*	louangeur.
Haoma	*soma*	l'arbre *Hom* (1).

(1) Il serait trop long de donner ici les preuves d'après lesquelles j'établis l'identité du nom qui désigne en zend l'arbre

ZEND.	SANSCRIT.	
Zaotâ	*hotâ*	sacrificateur (1).

Quant au second *e*, qui, dans ces deux verbes, précède la désinence *mi* (identique en zend, en sanscrit et en grec), on trouvera, dans le *Mémoire* précité, quelques rapprochemens avec les verbes causatifs pâlis, où *e* est la caractéristique propre de la forme causale, par exemple, *vedemi* pour le sanscrit *vedayâmi*. Les verbes zends qu'Anquetil traduit par l'actif du simple, et qui primitivement peut-être avaient, comme leurs correspondans sanscrits, une signification causale, gouvernent leur complément au génitif ou au datif; dans notre phrase, les trois mots *dahmayâo*, *vanghuyâo*, *âfritôis*, sont au premier de ces deux cas.

Le dernier, *âfritôis*, génitif de la forme absolue *âfriti*, est un substantif qui veut dire *bénédiction*, comme le traduit Nériosengh (*âshîrvâda*). *Afriti* est exactement le sanscrit *âpriti*, qui n'existe pas dans l'Inde avec le sens de *bénédiction*, mais dont les élémens peuvent conduire à cette signification propre à l'ancien persan. La préposition *â* indique la direction

---

Hom, avec celui que porte la plante appelée en sanscrit *soma*, et dont on boit également le jus dans les cérémonies religieuses. Elles trouveront place dans la suite de ce commentaire.

(1) Ce nom, dans les transcriptions d'Anquetil, est devenu *djouti*, ou le ministre du prêtre officiant. L'identité de *zaotâ* avec *hotâ* sera prouvée par le rapprochement d'un grand nombre de mots dans lesquels le *h* sanscrit est remplacé en zend par un *z*, comme *hasta*, main, en zend, *zasta*, &c.

vers une chose, et *prîti, plaisir*, vient du radical श्री *prî*, « plaire, donner de la joie. » De ce radical est formé le présent प्रीणामि *prîṇâmi, je plais à*, lequel existe également dans le zend *âfrînâmi*, qu'Anquetil traduit ou plutôt transcrit par « je fais Afrin, » ou plus exactement comme au commencement de la prière dite *Afrin des rois*, « je fais des vœux. » Le substantif *âfrîti* signifie donc « l'action de faire des vœux, » d'adresser une bénédiction. » Je n'insiste pas ici sur le changement du *p*, dans le sanscrit *prîti*, en *f* dans le zend *frîti*; cette particularité est due à l'influence du *r*, qui, dans cette dernière langue, est virtuellement doué d'une aspiration, laquelle remonte sur la consonne précédente. J'ai donné, dans le *Mémoire* précité, les lois de cette aspiration de la consonne dans sa rencontre avec *r*, et j'ai fait voir comment, à-peu-près inconnues en sanscrit, en latin, et rares en grec, elles étaient d'une application fréquente en zend, et dans les dialectes germaniques, qui, en ce point comme en beaucoup d'autres, se rattachent plus immédiatement à la langue ancienne de la Perse qu'à celle de l'Inde.

Les adjectifs *dahmayâo* et *vanghuyâo*, au génitif singulier, sont traduits tous deux, dans la glose de Nériosengh, par *excellent*, avec cette différence que *dahmayâo* est donné comme un génitif pluriel : « J'invoque l'excellente bénédiction des hommes excellens; » mais il est plus exact de dire : « J'invoque l'excellente, la parfaite bénédiction. » *Dahmayâo* porte en effet la même désinence que *vanghuyâo;* c'est, comme il a été montré ailleurs, le *âs* sanscrit, désinence propre du génitif féminin des noms en *a* et en *i*, auxquels appartiennent *dahma* et *vanghui;* le changement de *âs* en *âo* n'a rien qui doive étonner, puisque, en zend comme en pâli, et dans les circonstances particulières même en sanscrit, le *s*, précédé d'*a*, se change en *ô*, notamment dans *yas*, zend *yô*, *lequel*, *devas*, zend *daévô*, *Dev*. Quant au sens propre de ces mots, il ne peut pas être très-rigoureusement déterminé ; car la langue zende possède un certain nombre d'expressions pour désigner l'excellence, la perfection morale, dont il est difficile maintenant de marquer nettement les nuances, parce qu'Anquetil a tout traduit par *pur,* et Nériosengh par *très-bon.*

Les mots suivans, *dahmahé tcha nars achaonô*, sont très-exactement traduits dans Nériosengh, « et » l'homme excellent dont l'ame est sauvée, » ou bien, « et l'homme excellent qui est pur, » en conservant à *achaonô* le sens que lui attribue ordinairement Anquetil, et que ne désavouerait pas Nériosengh, puisque, sur cette phrase même, on lit à la marge du n.° 2 du Fonds पुण्यात्मा « dont l'ame est pure » Les mots zends sont au génitif singulier ; nous y remarquerons *nars*, génitif de *nâ* (nomin.), *homme*, mot identique au sanscrit, dans lequel *s* est la désinence propre du génitif, laquelle se joint immédiatement à la forme absolue, particulièrement dans quelques mots terminés en *r*, comme ici *nar*, génitif *nar-s;*

Dans le plus grand nombre des substantifs, *s* est, en zend comme en sanscrit, précédé de *a* bref; et alors, d'après la règle indiquée tout-à-l'heure, *as* devient en zend *ô*, témoin *achaon-ô* pour *achaon-as*. Pour de plus grands détails, voyez le *Mémoire* souvent cité.

Ughrahétcha &c. : c'est pour cette partie de la phrase que la glose de Nériosengh est d'une grande importance. *Ughrahé*, génitif de la forme absolue *ughra*, est traduit, dans la version sanscrite, par *balichtha, très-fort*; mais, comme *ughra* est, sauf l'aspiration du *gh* dont la raison a été donnée tout-à-l'heure, identique au sanscrit *ugra*, la véritable traduction doit être, *redoutable, terrible*. *Takhmahé*, que le seul n.° 3, Supp. pag. 9, écrit *tukhmahé*, est rendu, comme dans tous les cas où il se rencontre, par *dridha, solide, fort*. Il est important de ne pas écrire, ainsi que le font quelquefois les manuscrits par erreur, *tukhmahé* au lieu de *takhmahé*; cette orthographe tend à confondre deux mots très-différens, *takhma*, adjectif signifiant *fort*, et *taokhma*, en persan تخم, *germe*. C'est pour n'avoir pas fait cette distinction nécessaire qu'Anquetil a ici traduit par « semence forte » les deux mots *ughrahé tcha takhmahé.*

Dâmôis, suivant Nériosengh, est un adjectif au génitif singulier comme les précédens, et il signifie *eximius, excellens* : s'il en est ainsi, il vient d'une forme absolue en *i*, *dâmi*. L'interprétation de Nériosengh paraît être fondée sur le rapport de *dâmi* avec *dahma* (suivant Nériosengh , *uttama*), tandis que celle d'Anquetil, qui adopte le mot *peuple*, l'est sur la ressemblace de *dâmi* avec *dâma*, *peuple*, ou, comme l'interprète le scholiaste indien , *création*. Ces trois mots, qui ne se représentent dans les textes que sous un assez petit nombre de formes, ne me paraissent pas, malgré leur ressemblance, appartenir au même radical, dont le thème serait *dahma* ou *dâma*. Je suis, quant à présent, convaincu, par le témoignage de Nériosengh comparé à celui d'Anquetil, que *dahma* et *dâma* sont deux mots différens qui n'ont entre eux qu'une ressemblance accidentelle ; que le premier est un adjectif d'où est venu, comme nous le montrerons tout-à-l'heure, le nom de l'Ized Dahman, et que l'autre signifie *production* ou *peuple*, et est probablement l'origine du dorien δᾶμος. Quant à *dâmôis* , il ne m'est pas davantage prouvé qu'il appartienne au même thème que *dâma*, qu'il en soit, par exemple, le génitif singulier, tandis que *dâmanãm* (1) en serait le génitif pluriel ; en effet , *dâmôis* semble appartenir à un nom en *i*, et telle ne peut être l'origine de *dâmanãm*, car il faudrait *dâminãm*.

Au reste, Nériosengh n'est pas lui-même fixé, je ne dirai pas sur le sens de ce mot, mais sur le rôle qu'il doit jouer dans la phrase. Ainsi, dans le passage qui nous occupe, tous les adjectifs étant au génitif, de même que *dâmôis* , Nériosengh le considère aussi comme un adjectif au même cas, qu'il réunit

---

(1) Cité plus haut dans une autre partie du commentaire.

aux autres au moyen de la copule *tcha*. Mais dans un passage du *II.ᵉ Hâ de l'Izeschné* où se retrouve cette même invocation, *dâmôis* étant au génitif, pendant que tous les autres mots sont à l'accusatif, il n'est plus douteux que *dâmôis* ne soit subordonné à un mot quelconque de la phrase. Alors même, cependant, Nériosengh, qui l'interprète toujours par *excellent*, le met au même cas que les autres adjectifs; mais, comme s'il s'apercevait qu'une pareille traduction ne reproduit que très-imparfaitement le texte, il réunit en un composé le mot qui représente *dâmôis* au suivant *upamanem* (dans notre texte, *upamanahé*); en d'autres termes, il subordonne *dâmôis* à *upamanem*. Voici la phrase en zend, avec la glose sanscrite; on comprendra mieux, en la lisant, le procédé de Nériosengh : *ughrem takhmem dâmôis upamanem yazatem* बलिष्ठ च दृढं च उत्तमं च उत्कृष्टमनसा इत्यनेनादं शापं इत्यु अर्थः आशीश् च वचसा बलिष्ठतरा शापश् च मनसा बलिष्ठतरः ॥ C'est-à-dire, *fortissimumque solidumque optimumque excellente cum mente Iazadam (scilicet) maledictionem, ecce sensus ; benedictio voce præpotens, maledictioque mente præpotens.*

Il résulte de cette traduction, où *dâmôis* conserve le sens que lui a précédemment attribué Nériosengh, qu'il est subordonné à *upamanem*, avec lequel il forme un composé, « esprit excellent, » ou, en gardant les cas du texte zend, « esprit de l'homme excel-

» lent, ou de l'homme de bien, » et que le substantif de la phrase est *yazatem*, dont les autres mots
ne sont que des attributs ; en sorte qu'il faut traduire,
« (j'invoque) l'Ized redoutable, fort, doué d'un esprit
» excellent. »

Quoi qu'il en soit de cette interprétation propre
à Nériosengh, il ne me semble pas que l'incertitude
qui peut rester sur la signification propre de *dâmôis*,
empêche aucunement de déterminer le sens des autres
mots, et, en même temps, celui de l'ensemble de la
phrase. *Upamanahé* (génitif) de notre texte, est
évidemment formé de *upa*, *sous*, et de *mana*, ap-
partenant au radical *man*, et voulant dire sans doute
esprit ; upamana signifie donc « ce qui est *sous*
» ou *dans l'esprit ;* » et voilà pourquoi Nériosengh,
dans sa première traduction, met *manasâ saha*,
« avec l'esprit. » Or *upamanahé* peut être, ou un
substantif, et alors ce sera le mot principal de la
phrase, et l'on traduira, « (j'invoque) ce qui est dans
» l'esprit de l'homme de bien, redoutable, puissant,
» Ized, » ou bien un adjectif, comme *mental*, et
alors Ized sera le principal objet de l'invocation,
d'où l'on aura, « (j'invoque) l'Ized, redoutable, puis-
» sant, qui est dans l'esprit de l'homme de bien. »
De ces deux traductions, la première me paraît la
meilleure. Ce ne peut être le mot *Ized* (nom que
les Parses donnent à un grand nombre de génies
objets de leur culte) qui soit l'objet principal de la
phrase ; il n'est là que comme une apposition aux
autres attributs qui caractérisent « ce qui, dans l'esprit

» de l'homme de bien, est redoutable et puissant, »
c'est-à-dire, « l'imprécation. » Ce dernier mot n'est
pas, il est vrai, exprimé dans notre texte (à moins
que ce ne soit *upamanahé*); mais il n'y est pas moins
implicitement contenu, et le silence de notre paragraphe prouverait seulement le soin avec lequel les
anciens peuples, en général, évitaient de prononcer
des mots de mauvais augure. Nériosengh, dans son
commentaire destiné à l'explication de l'original, a
précisé le sens de la manière la plus claire, avec le
mot sanscrit *shâpa, imprécation ;* et c'est sous ce
rapport que sa glose, peut-être un peu diffuse, jette
le plus grand jour sur ce paragraphe difficile : « Le
» souhait, dit-il (car il faut ôter ici à *âshîs* son sens
» propre de bénédiction), le souhait des gens de bien
» est de deux sortes, l'un est mental, l'autre est pro-
» noncé. Prononcé, c'est la bénédiction très-puis-
» sante; mental, c'est l'imprécation, qui ne l'est pas
» moins. Trois fois chaque nuit la bénédiction des
» gens de bien plane au-dessus de l'univers créé,
» pour le protéger. La fortune que les hommes ac-
» quièrent par leurs bonnes actions, c'est la béné-
» diction des gens de bien qui en est la gardienne. »
C'est là un excellent commentaire du zend *upamana*,
et il explique fort bien comment on a pu appeler
mentale l'imprécation qui ne sort pas de la pensée où
elle prend naissance. Il y a donc, dans l'opinion de
Nériosengh, qui au reste est celle même du commentaire pehlvi qu'il a traduit, deux souhaits que
peuvent faire les hommes de bien, et auxquels le

Parse attribue une influence également puissante, le souhait prononcé (*àfriti*), et l'imprécation mentale (*upamana*). Ces deux souhaits sont réunis ici dans le même paragraphe, que je propose de traduire comme il suit : « J'invoque, je célèbre l'excellente, la parfaite » bénédiction, et l'homme excellent qui est pur, et » la pensée de l'homme de bien, redoutable, puis- » sante, Ized. »

Comment maintenant retrouverons-nous ce nom propre de *Dahman* que donne Anquetil d'après l'autorité irrécusable des Parses? En appliquant ici ce principe, dont l'exactitude est démontrée par tant d'exemples, savoir, que les Parses ont personnifié des abstractions, des qualités morales, qui, d'abord significatives au propre, sont devenues, par la suite, des êtres mythologiques. Je pense donc que la bénédiction, et avec elle son contraire, l'imprécation en tant que conçue par les gens de bien, aura été personnifiée sous le nom de *Dahman*, lequel n'est autre que l'adjectif zend *dahma*, *excellent*, c'est-à-dire, le premier mot du texte consacré à la bénédiction. Est-il nécessaire maintenant que je m'arrête à relever une à une les nombreuses inexactitudes de la traduction d'Anquetil, qui pèche, non pas en ce qu'elle a introduit Dahman comme nom propre, puisqu'il est ainsi vénéré des Parses, mais en ce qu'elle confond tous les mots du texte, et en méconnaît complètement les rapports grammaticaux et le sens. Sa plus grande erreur consiste à n'avoir pas vu qu'il s'agissait, dans la fin de ce passage, de la malédiction indiquée par le mot *upamana*, qu'il a rendu à tort par *céleste*, sans doute à cause de la ressemblance, peu marquée d'ailleurs, de ce mot avec *mainyu*.

Ces observations étaient rédigées, quand j'ai appris par la lecture du *Mémoire* de M. le baron Silvestre de Sacy sur les monumens et inscriptions de *Kirmanschah* et de *Bi-sutoun*, que le passage de l'*Izeschné* auquel a été consacrée l'analyse précédente, avait attiré l'attention de ce savant illustre, qui avait même donné au sens adopté par Anquetil l'autorité imposante de son approbation. M. de Sacy a, de plus, proposé une étymologie du nom de l'Ized *Dahman* qui lui appartient en propre, et qui diffère essentiellement de celle que m'a suggérée la lecture du texte. Cette circonstance m'impose le double devoir d'examiner avec toute l'attention qu'elle mérite l'opinion de M. de Sacy, et de chercher à appuyer la mienne de quelques preuves nouvelles. Après avoir cité le passage zend d'après la transcription manuscrite d'Anquetil-Duperron, M. de Sacy l'accompagne des observations suivantes : « Sur ce texte, M. Anquetil observe que *Dah-* » *méïao* (leg. *dahmayâo*), nom de l'Ized *Dahman*, » signifie proprement *créature, peuple ;* et en effet, » il traduit ensuite *dehmeetche neresch eschéono* (leg. » *dahmahétcha naras achaonô*) par *le peuple et les* » *hommes justes*, et *damoesch opemenehe* (leg. *dâ-* » *moïs upamanahé*) par *du peuple céleste* (1). Dans

____

(1) *Voyez* le manuscrit du *Vendidad* en caractères français, pag. 7 et 10.

» le dictionnaire zend-pehlvi, *dehmo* (leg. *dâhmô*)
» est traduit par *peuple*, et ce mot a produit dans le
» pehlvi le mot *danm*, qui a la même signification (1).
» Il est donc prouvé que le même mot qui signifie
» *peuple, créatures, productions de Dieu*, est aussi
» le nom de l'Ized *dahman*. Je me persuade cepen-
» dant que le dernier nom, originairement *pazend*,
» est formé des deux mots *dahmo*, peuple, et *mino*,
» céleste (2). Je suis d'autant plus porté à le croire
» que, dans la plupart des endroits où il est parlé de
» cet Ized, il est nommé *membre du peuple céleste*,
» ou plutôt *germe du peuple céleste, du peuple*
» *dont les pensées sont élevées vers le ciel* (3). »

Voici les raisons que je crois pouvoir alléguer
contre cette étymologie, d'ailleurs très-ingénieuse, du
nom de *Dahman*. En premier lieu, je pense que *dahmayâo, dahm-ahé, dahm-ô*, sont trois cas différens (le
génitif fém., le génitif masc. et le nominatif masc.)
du mot *dahma*, qui, dans aucun des passages où il se
rencontre, ne peut jouer d'autre rôle que celui d'un
adjectif; opinion qui est celle de Nériosengh; et que,
d'après le témoignage de ce scholiaste, antérieur de
trois siècles à Anquetil, cet adjectif signifie *excellent*.
Si Anquetil a cru devoir traduire *dahma* par *peuple*,
créatures, c'est, je crois, qu'il a confondu ce mot
avec *dâma*, qui certainement veut dire *peuple*, mais

---

(1) *Zend Avesta*, tom. II, pag. 443.

(2) *Dahmo meenio* est une composition pareille à *vohu meenio*
(Bahman) et *enghreh meenio* (Ahriman).

(3) *Mém. de l'Acad. des inscript.* t. II, p. 218, 2.ᵉ série.

qui ne me paraît pas identique à *dahma*. L'argument que M. de Sacy tire de l'existence du pehlvi *danm*, donné par Anquetil comme synonyme de *dehmo* (leg. *dahmô*), ne me semble pas prouver plus que les textes précédemment cités; car, d'un côté, le manque absolu de critique avec lequel a été composé le vocabulaire zend-pehlvi d'Anquetil ôte à ce travail toute importance; et de l'autre le *danm* pehlvi n'est évidemment que le *dâma* zend, le *a* nasal (*an* d'Anquetil) remplaçant d'ordinaire en pehlvi et en zend la voyelle *â* long, par exemple, dans *dadâmi*, qui est souvent écrit *dadāmi*. Quant à l'opinion de M. de Sacy, qui regarde *Dahman* comme formé de *dahmô*, *peuple*, et *mino*, *céleste*, indépendamment des raisons que je viens d'alléguer contre le sens attribué à *dahma*, je la crois susceptible des objections suivantes : *mino*, *céleste*, n'est pas un mot zend; c'est, comme le donne très-bien M. de Sacy lui-même dans sa note, *meenio*, d'après Anquetil, et, suivant ma lecture, *mainyu*. Je ne sais pas bien ce qu'il faut entendre par un mot originairement *pazend*; comme j'ignore les lois de ce dernier dialecte, je ne sais s'il est permis d'y faire une contraction aussi forte que celle de *Dahman* pour *dahma mainyu*. S'il en était ainsi, il en résulterait que le nom de *Dahman* a, dans un dialecte postérieur au zend, un radical de plus que dans la langue primitive, où il est simplement *dahma*; circonstance assez singulière, et qui rend peu exacte, ce semble, la comparaison de ce nom avec celui d'*Ahriman* et de *Bahman*. Tous les élémens du nom d'Ahriman sont en

effet dans le zend *anghrô mainyus;* Bahman est de
même tout entier dans *vôhû manô. Dahman*, au
contraire, répond, dans les traductions parsies qu'on
possède des textes zends, au seul mot *dahma;* jamais cet adjectif n'est suivi de *mainyu* ou de *manô.*
J'en conclus que ces deux mots n'ont rien à faire dans
la recherche de l'étymologie du nom de *Dahman*, et
que ce dernier ne peut être que l'altération du zend
dahma. J'avoue que par-là je ne rends pas compte
du *n* final; mais on est à chaque instant obligé de
reconnaître que les mots ne s'altèrent pas toujours de
la manière la plus régulière; et d'ailleurs la simple
addition de *n* à *dahma* me paraît moins difficile à admettre que la contraction de *dahma mainyu* (qui
n'existe nulle part) en *Dahman.* Je hasarderai une
autre remarque sur la manière dont M. de Sacy écrit
le nom zend de Bahman, *vohou meenio;* c'est, comme
je l'ai donné tout-à-l'heure, *vôhû manô.* Il y a cette
différence entre *manô* et *mainyu*, que l'un est le substantif connu dans presque toutes les langues de l'Europe, qui signifie *intelligence*, tandis que *mainyu*,
et au nominatif *mainyus*, ne peut guère avoir, dans
les textes zends que nous connaissons, d'autre sens
que celui de *céleste* (1). C'est avec ce dernier mot

---

(1) Par *céleste*, il faut entendre l'habitant du ciel immatériel
et non du ciel matériel, nommé en zend *acmanô.* Je pense même
que, dans le principe, l'adjectif *mainyu* signifiait *intelligent;* je le
dérive en effet régulièrement de *man*, intelligence, avec l'affixe
des adjectifs *y*, et la formative *u* commune aux adjectifs et aux
substantifs. Le *i* inséré devant le *n* dans *main-yu* est dû à une

(23)

qu'Anquetil a confondu *upamana* du texte relatif à
Dahman, et c'est par suite de cette erreur qu'il a
introduit dans sa traduction le mot *céleste*.

(N.° 1 Supp. pag. 11, lignes 9 sqq.)

[*Nivaèdhayèmi hañkârayèmi*] *çtârâ mâonghô
hûrô anaghrinâm raotchanghâm qadhâtanâm*, suivant Nériosengh : [निमन्त्रयामि संपूर्णयामि] ता-
राश् चन्द्रं सूर्यं च अनन्तानि तेजांसि स्वयंदत्ता-
नि । स्वयंदातिश् च इयं यतः आत्मानं आत्मना
शक्यते (*sic*) कर्त्तुं ॥ (N.° 2, Fonds, pag. 17, 18).
Anquetil traduit : « [J'invoque, je célèbre] la lune, astre
» (bienfaisant), le soleil, la lumière première don-
» née de Dieu. » La comparaison de cette traduction,
que je crois peu exacte, avec le texte et avec celle
de Nériosengh, en nous fournissant quelques rappro-

---

particularité de la langue zend que j'ai expliquée dans mon Mémoire; il me suffira de dire ici que très-fréquemment un *i* ou
y, suivant immédiatement une consonne, exige l'insertion avant
cette consonne d'un autre *i* qui n'est pas radical; ainsi on a en
zend *paiti*, maître, pour le sanscrit *pati*; *baçaiti*, il devient,
pour *bhavati*; *vairi*, eau, pour *vdri*. Outre l'argument que je
tire de cette analyse, je pourrais citer des textes où les *Darvands*, productions d'Ahriman, sont caractérisés par l'adjectif
mainyu, qui ne peut pas signifier *céleste*, puisque les Darvands
habitent l'enfer. Quoi qu'il en soit, le sens de *céleste* a remplacé
en général celui d'*intelligent*, sans doute parce que le ciel est
le séjour de l'intelligence suprême.

chemens curieux, peut jeter du jour sur un des points les plus importans de l'ancienne religion des Parses. *Çtàrà* est une lecture fautive pour *çtàrām*, que donnent tous les autres manuscrits. C'est le génitif pluriel de *çtàr*, qui est passé dans les langues de l'Europe anciennes et modernes, *star*, *ἀσ'τήρ*, *astrum*, &c., et duquel me paraît dériver le sanscrit *tàra, constellation. Tàra* semble en effet formé plutôt de *çtàr*, par le retranchement du *ç*, que de *tṛi, traverser*, étymologie qui, pour être de l'invention des grammairiens indiens, n'en est pas plus admissible. *Màonghô* est le génitif du mot *màongh* (nom. *máo*), *lune.* Ce mot, qui se retrouve encore dans presque toutes les langues de l'Europe, est identique au sanscrit *mãsas*, génitif de *mâs :* la nasale et l'aspirée *ngh* insérée devant la désinence est propre à la langue zende, et représente en général un *s* médial dans les mots sanscrits. Par exemple, *manô*, en sanscrit *manas, intelligence*, et *vatchô*, en sanscrit, *vatchas, voix*, font aux cas indirects :

	ZEND.	SANSCRIT.
Instr.	*mananghâ*	*manasá.*
Dat.	*mananghé*	*manase.*
Gén.	*mananghô*	*manasas.*
Instr.	*vatchanghà*	*vatchasà.*
Dat.	*vatchanghé*	*vatchase.*
Gén.	*vatchanghô*	*vatchasas.*

Dans *máonghô*, il y a peut-être cette différence

que *ngh* ne remplace pas le *s* sanscrit; car cette lettre est déjà devenue *o* par suite d'un changement très-fréquent, et que nous avons indiqué tout-à-l'heure. Ces diverses particularités ont été expliquées dans le *Mémoire* précité; quelques cas du mot zend, comparés au mot sanscrit correspondant, suffiront ici pour montrer en quoi ils se ressemblent et en quoi ils diffèrent :

	ZEND.	SANSCRIT.
Nom.	*mâo*	*mâs.*
Acc.	*mâonghem*	*mâsam.*
Dat.	*mâonghé*	*mâse.*
Gén.	*mâonghô*	*mâsas.*

Hûrô est le génitif du mot *hvare*, dont la déclinaison, qui semble au premier coup d'œil peu régulière, est donnée avec détail dans le *Mémoire* souvent cité. *Hûr* ou *hvare* me paraît identique au mot sanscrit *sûrya, soleil*, par le changement du *s* en *h*, changement que l'on remarque dans un grand nombre de mots, dans les suivans, par exemple :

SANSCRIT.	ZEND.	GREC.	LATIN.
Saptan	*hapta*	ἑπτά	*septem.*
Su	*hu*	εὖ	bien (1).
Santi	*heñti*	ἐντί dorien.	*sunt.*
Sam	*ham*	σύν	*cum*

---

(1) Le *su* sanscrit se trouve exactement dans le mot latin *sudum, beau jour*, qui répond à सुद्यु *sudyu.*

Les trois premiers mots de notre texte doivent
donc se traduire : « [J'invoque, je célèbre] les astres,
» la lune, le soleil. »

Anaghrinām, leçon fautive pour *anaghranām*,
que donnent tous les autres manuscrits, est le génitif
pluriel de l'adjectif *anaghra*, évidemment formé de
a privatif, *n* euphonique, et *aghra*, qui est le sanscrit
agra, *sommet, commencement ;* d'où il suit que l'adjectif *anaghra*, dont le *gh* est aspiré par suite de sa
rencontre avec *r*, doit signifier *sans commencement*.
Cela revient à l'adjectif *premier* d'Anquetil ; et Nériosengh, en rendant ce mot par *ananta, sans fin,
éternel*, ne fait que développer un autre point de
vue de la même idée. *Raotchanghām*, dont la connaissance la plus superficielle de la langue zende suffit
pour déterminer la forme grammaticale, signifie, d'après Nériosengh et Anquetil, *lumière ;* c'est évidemment le sanscrit *rutch, rotchis*, qui a le même sens.
Mais au lieu d'être au singulier, comme le veut
Anquetil, *raotchangh-ām* est au pluriel, ce qui
établit, entre le sens de ce dernier et celui que nous
allons proposer, une différence importante.

Qadhātanām, ou plutôt comme lit le n.° 6 supp.
p. 7, *qadàtanām*, est un adjectif en rapport avec
raotchangh-ām, des lumières, adjectif qu'Anquetil
traduit par *donné de Dieu*, mais dont Nériosengh
propose une explication beaucoup plus conforme au
texte, et dont les conséquences sont de quelque intérêt. Selon lui, *qadâta* répond au sanscrit *svayam-
datta*, donné de soi-même, et cette expression *donné*

de soi-même est commentée par la glose suivante, qui, malgré son obscurité, ne laisse aucun doute sur le sens véritable : « et ex se ipso datio hæc » (est), unde se ipsum ex se ipso potest creare; » d'où il suit que *qadâta* signifie « créé de soi-même, » en d'autres termes, *incréé*. Or, les règles de permutation de lettres que j'ai établies dans le *Mémoire* comparatif sur le zend et le sanscrit confirment de tous points l'explication de Nériosengh. Je crois en effet y avoir démontré que la syllabe sanscrite स्व *sva* devenait, en zend, *qa*, *q* représentant, dans ma transcription, la première forme du n.° 5 de la Table d'Anquetil (1), notamment dans *svapna, sommeil* (lat. *sopor*), en zend *qafna*, et dans *sva, sien* (lat. *suus*), en zend *qa*. *Qadâta* peut donc être rendu encore plus exactement que ne le fait Nériosengh par le sanscrit *svadatta, a se datus*. De *qadâta*, dont la formation et l'étymologie ne sont pas douteuses, est venu, sans contredit, le persan moderne خدا *khodà*, *Dieu*, d'où le *Gott* et *God* des langues germaniques, mots dont le son ne rappelle plus à l'esprit la signification première, mais qui, dans l'origine, désignaient l'être *incréé*, existant par lui-même, celui que la mythologie indienne nomme *Svayambhû*. Tel qu'il est, toutefois, le mot *khodà* et *Gott* a encore étymologiquement un sens plus élevé que le *devas*, θεός, *deus*, des Indiens, des Grecs et des Latins, lequel ne désigne que « l'être qui réside dans le ciel »; et l'avan-

______
(1) *Zend Avesta*, tom. II, pag. 424.

tage d'avoir gardé pour l'idée de *Dieu* une expression plus grande et plus philosophique est inconstestablement acquis aux peuples d'origine persane.

Si maintenant nous résumons cette analyse, nous pourrons traduire comme il suit le texte de ce paragraphe : « Lumina sine principio, ex se creata, » les lumières sans commencement, incréées. Le zend ne dit pas *la lumière*, comme le veut Anquetil, mais *les lumières*, c'est-à-dire, les astres ou les grands corps lumineux qui les premiers ont attiré les hommages des hommes; sens qui me paraît résulter et de l'emploi du pluriel, et du rapprochement de ces mots avec le commencement de la phrase zende où sont nommés la lune et le soleil : « J'invoque, je célèbre » les astres, la lune, le soleil, lumières immortelles, » incréées. »

Or cette traduction introduit un changement notable dans les textes zends où il est question de la *lumière*. Dans les six passages où elle est invoquée, Anquetil a toujours cru qu'il s'agissait du singulier, excepté dans un seul, celui du *Petit Sirouzé*, sur lequel il a remarqué que le texte portait « les lumières pre-» mières (1). » Cependant, malgré le témoignage formel de ce fragment, dont la rédaction est identique à celle de la phrase de l'*Izeschné* qui fait l'objet de cette discussion, il a continué à traduire « la lumière » première, » et il s'est appuyé du *Sirouzé* même pour prouver qu'elle était distincte de celle des astres.

____

(1) *Zend Avesta*, tom. II, pag. 324.

Ce fait, s'il était constaté, serait d'une grande importance, et prouverait que les anciens Persans ont, comme les Indiens, conçu et adoré, au-dessus des astres, la lumière incréée, immortelle, dont la lumière visible n'est qu'un reflet. Sans nier que Zoroastre se soit élevé à cette hauteur d'abstraction, à laquelle devait l'appeler le culte même de la lune et du soleil, et dont on trouve des traces au commencement du *Boundehesch*, livre, il est vrai, plus moderne que le *Zend Avesta* proprement dit, je puis affirmer que *la lumière* suprême, si clairement invoquée dans la fameuse *Gâyatrî* des Brahmanes, n'est pas nommée une seule fois dans les textes zends que nous possédons. Jamais il n'y est question que des « lumina « sine principio, ex se creata; » par-tout ces grandes *lumières* ne peuvent être considérées que comme le soleil et la lune, ou comme les astres en général. Deux passages du *Vendidad*, l'un au II.ᵉ l'autre au XIX.ᵉ *fargard*, nous fourniront plus tard la preuve de cette assertion. Les autres textes ne faisant pas partie du *Vendidad Sadé* que je fais lithographier, je les donne ici pour ne laisser aucun doute sur ce point curieux.

Le XXVII.ᵉ *cardé* de l'*Iescht de Raschné Rast* porte : « *Anaghra raotchâo qadhâtâo* (1) *zbayé-mahé* (N.º 3 Supp. pag. 565), « sine principio lu- « mina ex se data adoramus (?). » Le XVI.ᵉ *cardé* de l'*Iescht Farvardin* n'est pas moins clair : *Fra-*

---

(1) On plutôt *qadhâtâo*.

vasayô yazmaidhé yâo ctaorãm (lisez *ctârãm*) *mâonghô hûrô anaghranãm raotchanghãm pathô daéithayen achaonis* (N.° 3 Supp. pag. 576), littéralement : « Fravases (les *Férouers*) veneror quæ astris, lunæ, soli, sine principio luminibus vias monstraverunt puras. » De même dans le *Grand Sirouzé*, au jour *Aniran*, on lit « *anaghra* (cod. *anaghara*) *raotchâo qadâtâo yazmaidé*, « sine principio lumina » ex se data veneror, » ce que la traduction parsi du *Sirouzé* se contente à-peu-près de transcrire انغر روشن خدات يزم, mettant arbitrairement le singulier au lieu du pluriel que porte le texte (N.° 5 Fonds, f.° 55 *v.°*). Enfin ce passage est répété au *Petit Sirouzé*, avec cette différence que les mots en sont au génitif pluriel, comme dans la phrase de l'*Izeschné* transcrite au commencement de cet article. Maintenant qu'on a lu ces divers textes, n'est-il pas évident qu'ils ne parlent que des *lumières* qui éclairent le monde, expression générale pour désigner les astres? Ne sommes-nous pas fondés à dire que, dans notre passage de l'*Izeschné*, ces lumières ne constituent pas un objet spécial d'adoration, mais qu'elles sont jointes sous la forme d'une apposition à l'invocation des astres, du soleil et de la lune, comme elles paraissent l'être dans le passage précité de l'*Iescht Farvardin?* En un mot, je ne puis voir ici la lumière unique qu'adorent les Hindous; ce n'est là qu'un sidérisme plus ou moins épuré, et sans doute un reste de ce culte antique des astres que Zoroastre modifia sans le supprimer entièrement.

J'ai donné les raisons du changement que je fais subir à la traduction d'Anquetil: il me reste à rechercher comment le nom de *Dieu*, qui n'est pas selon moi dans l'original, a pu y être introduit; en un mot, à expliquer, sinon à justifier, le sens adopté par Anquetil d'après l'autorité des Parses eux-mêmes. Il me semble qu'il aura traduit le zend *qadâta* préoccupé du souvenir du persan *khodâ;* mais ignorant que ce mot, qui maintenant signifie *dieu*, est déjà une contraction du zend *qadâta*, il aura peut-être trouvé *dieu* dans *qa*, et *donné* dans *dâta*, ou bien il aura pris *qadâ* pour خدا *dieu*, et *ta* pour l'abréviation de *dâta*, *donné*. En ce point, il a commis une erreur que la connaissance qu'il avait de la langue persane eût dû, ce semble, lui faire éviter. Les Persans, en effet, pour dire « donné par Dieu » emploient le composé خداداد, mot qui n'est pas, comme a pu le croire Anquetil, la transcription du zend *qadâta*, mais la réunion de *khodâ* (en zend *qadâta*) et de *dâd* (en zend *dâta*). Le persan *khodâdâd* devrait donc être, en zend, *qadâta-dâta* « donné par l'être incréé, » c'est-à-dire par *Dieu*, en supposant que *qadâta*, qui est un adjectif, eût quelquefois le sens spécial de *Dieu*, ce qui, selon moi, n'arrive jamais dans aucun des textes où il se trouve, et où il est employé avec la signification de « créé par soi-» même. »